Des livres et moi

tempo

ISBN : 978-2-74-852134-4

25, avenue Pierre-de-Coubertin, 75013 Paris

Matt7ieu Radenac

Des livres et moi

SYROS

À Filippe, à madame Grebbert, et à A…

Janvier

De: Alex <Alex@multimail.fr>
À: Filippe Cavreini <F. Cavreini@intermail.com>
Date: 4 janvier

Message:

Bonjour monsieur,

Êtes-vous bien Filippe Cavreini, auteur de livres?

Je dois vous poser des questions pour le cours de français.

Êtes-vous d'accord?

De: Alex <Alex@multimail.fr>
À: Filippe Cavreini <F. Cavreini@intermail.com>
Date: 8 janvier

Message:

Bonjour, avez-vous eu mon message?

De: Alex <Alex@multimail.fr>
À: Filippe Cavreini <F. Cavreini@intermail.com>
Date: 10 janvier

Message:

Vous êtes là?

De: Alex <Alex@multimail.fr>
À: Filippe Cavreini <F. Cavreini@intermail.com>
Date: 13 janvier

Message:

Bon, je ne dois pas avoir la bonne adresse mail. Je me rappelle que mon grand-père parlait de chercher une aiguille dans une botte de foin. C'est sans doute plus difficile aujourd'hui de trouver une bonne adresse sur la Toile. Rien de grave, je vais me débrouiller. Si quelqu'un reçoit ce message, désolé pour le dérangement...

De: Alex <Alex@multimail.fr>
À: Filippe Cavreini <F. Cavreini@intermail.com>
Date: 14 janvier

Message:

En même temps, je n'ai aucun retour de mail non délivré. Ils arrivent donc bien quelque part... Mais où?

De: Filippe Cavreini <F. Cavreini@intermail.com>
À: Alex <Alex@multimail.fr>
Date: 17 janvier

Message:

Bonjour Alex,

Rassure-toi, tes mails arrivent bien. Mais pas de connexion, là où j'étais ces derniers jours. C'est vrai que la Toile est vaste, pourtant tu as su trouver l'adresse que tu cherchais. Je suis bien Filippe Cavreini, écrivain, entre autres. Je dois pourtant t'avouer que j'ai longtemps hésité avant de te répondre. Je reçois de nombreux mails qui sont autant de sollicitations. On me demande des conseils, des avis, des coups de pouce que je ne peux donner, des interviews que je refuse, et on me propose de temps à autre de rencontrer des groupes scolaires... C'est pour cela que je ne réponds pas toujours. Je fais donc le tri et donne suite aux messages les plus urgents. Enfin, ceux que j'estime l'être... Ou alors à ceux dont les mots me touchent...

Que penser de ton mail? Enfin, de tes mails? Jamais encore je n'en avais reçu une telle pluie! Cette ténacité m'a interpellé, et ton impatience a fini de me convaincre. Je me suis donc résigné à te répondre. Alex, c'est bien ton prénom? Es-tu *un* ou *une* Alex? C'est assez perturbant de ne pas savoir. Dis-moi, quel type de questions dois-tu me poser?

Cordialement.

F. Cavreini

De: Alex <Alex@multimail.fr>
À: Filippe Cavreini <F. Cavreini@intermail.com>
Date: 18 janvier

Message:

Veuillez m'excuser, monsieur, si mes mails vous ont gêné. J'ai douté de l'adresse et j'ai vraiment cru que vous ne répondriez pas. Ce n'est pas que je doive vous poser des questions, c'est que j'aimerais le faire parce que la prof de français m'a donné un travail supplémentaire sur un auteur de livres. Peut-être que si je parviens à montrer à madame Grebbert que je peux m'investir, alors elle changera d'avis sur moi.

A.

De: Filippe Cavreini <F. Cavreini@intermail.com>
À: Alex <Alex@multimail.fr>
Date: 20 janvier

Message:

Pourquoi la faire changer d'avis? Quel est son avis, au juste? Comme tu peux le deviner, cette motivation m'intrigue... Sûrement l'imagination aride d'un vieil auteur... Bon, j'accepte de répondre à tes questions si tu réponds aux miennes. On n'a qu'à se dire «chacun à son tour». Cela te convient-il?

Cordialement.

F. Cavreini

De: Alex <Alex@multimail.fr>
À: Filippe Cavreini <F. Cavreini@intermail.com>
Date: 20 janvier

Message:

C'est donc vrai qu'un auteur aime écrire. Mdr. Comment dit-on «bavard à l'écrit»? Cela se dit-il? Pour votre jeu, c'est sérieux?

Moi, si j'ai des questions à poser, c'est pour le collège. Vous, c'est quoi votre raison?

A.

De : Filippe Cavreini <F. Cavreini@intermail.com>
À : Alex <Alex@multimail.fr>
Date : 21 janvier

Message :

Bonjour Alex,

Je suis on ne peut plus sérieux !

Ma raison est toute simple et moins digne que la tienne : la curiosité ! J'aime savoir avec qui je discute, et encore plus quand il s'agit (probablement) d'un de mes lecteurs ou lectrices... D'ailleurs, tu ne me l'as pas précisé. En classe, vous lisez un des livres que j'ai écrits ? Si oui, lequel ? Ou alors as-tu choisi un auteur au hasard ? Je n'y crois pas, mais quelque chose me dit qu'avec toi je ne suis pas à l'abri de surprises. Pour le bavardage, c'est une bonne question. Depuis ton mail, je m'interroge. En effet, je ne crois pas que le mot se rapporte à l'écrit. Mais bavarder, par définition, c'est parler familièrement ou sans retenue. Et parler, c'est tout simplement un moyen de s'exprimer... Donc je dirais que si l'on prend simplement le sens des mots et que l'on considère l'écriture comme un moyen de communiquer, alors bavarder peut tout autant se faire à l'écrit qu'à l'oral.

Réfléchis bien, chacun son tour, chacun ses questions... Alors, dis-moi, as-tu déjà lu un livre que j'ai écrit?

Cordialement.

F. Cavreini

P-S : J'insiste... *Alexandre* ou *Alexandra*?

De: Alex <Alex@multimail.fr>
À: Filippe Cavreini <F. Cavreini@intermail.com>
Date: 27 janvier

Message:

OK!

Jouons à votre jeu alors (puisque je n'ai pas le choix!) J'ai vraiment besoin de remonter en français, dans mes résultats et dans l'estime de la prof. Je n'ai pas choisi au hasard, je n'y ai même pas pensé. Mais c'est vrai que ça aurait été drôle. Au risque de vous décevoir, j'ai opté pour l'auteur du livre que Grebbert nous demande de lire. *Maux à mots* de F. Cavreini. Vous! Le truc, c'est que je n'ai jamais trop réfléchi aux questions qu'on pose à un auteur. Pour le coup, j'aurais aimé que la prof prépare le questionnaire, mais ça ne colle pas avec son idée (de punition). J'ai donc cherché sur le Net des interviews d'auteurs sans en trouver une qui me convienne vraiment. Puis je me suis dit que, pour écrire, il faut déjà aimer lire, non? Alors, vous, vous lisez? Vous lisez depuis quand?

Essayez de ne pas être trop «bavard» dans vos réponses, répondez juste. Brièvement. Grebbert est une maligne, elle veut qu'on rédige à la main tous les travaux qu'on lui rend. Elle n'a rien contre les ordinateurs, mais elle méprise les copier-coller...

A.

P-S: *Alexandre* ou *Alexandra*? Lol. Vous jouez, je joue... Cela dit, je pensais qu'un auteur aurait plus d'imagination...

De: Filippe Cavreini <F. Cavreini@intermail.com>
À: Alex <Alex@multimail.fr>
Date: 27 janvier

Message:

Bonjour Alex,

J'ai cru que tu avais abandonné tant j'ai attendu ta réponse. Je n'en menais pas large, ce n'est pas tous les jours que je lance ce genre de défi à quelqu'un. Qui plus est à un (une) inconnu(e). Alors autant te dire que ton mail m'a fait grand plaisir. Tu as déjà percé mon babillage au grand jour; mais toi, on ne peut pas dire que tu aies ce défaut. Tu n'as répondu qu'à quelques-unes de mes questions. Peut-être t'en ai-je trop posé d'un coup. Enfin, ce n'est pas grave, je suppose que tu y viendras quand tu le souhaiteras. Tu es décidément bien original(e). Je te confierai même que nos échanges me ravissent. Au fil de ma carrière, j'ai côtoyé tellement de journalistes un peu trop pointilleux. Jamais ils n'auraient envisagé de se lancer dans un entretien sans en avoir préparé la moindre question. Il y en a même un qui avait déjà écrit mes réponses. Et ce avant de m'avoir rencontré. J'avais oublié cette anecdote. Je me fais vieux...

Pour répondre à ta question, quand j'étais enfant, il n'y avait ni télévision ni console... Ne parlons même pas des téléphones portables... Juste la radio, et encore... Tout ça pour dire qu'à mon époque j'étais souvent désœuvré. Par chance, mes parents étaient de grands lecteurs. Quand je repense à ma mère, je la vois dans son fauteuil, plongée dans un roman. Mon père était plus discret et ne lisait que lorsqu'il était seul. Très jeune, j'ai donc été habitué à m'occuper entre les pages d'un livre... Même si mes parents avaient déjà bien éveillé mon appétit de lecture, c'est un de mes professeurs qui m'a insufflé la passion des mots. Un jour, en cours, je me rappelle qu'il nous a lu un extrait de *Carnets du vieil écrivain* de Jean Guéhenno. Il était passionné et du coup passionnant... Son œil pétillait. Je me souviendrai toute ma vie de cette citation: «La vraie lecture commence quand on ne lit plus seulement pour se distraire et se fuir, mais pour se trouver.» Cette phrase a longtemps fait écho en moi, je l'ai prise au mot et tout en apprivoisant la littérature, j'ai appris à mieux me connaître... Aujourd'hui, il n'y a pas un jour où je ne lis pas. Et toi, es-tu lecteur?

Amicalement.

F. Cavreini

P-S : Apparemment, tu t'amuses à me faire tourner en bourrique. C'est de bonne guerre. Que ça soit *Alexandre*, *Alexandra*, *Alexis*, *Alexia* ou autre... l'origine est la même. Cela provient du grec *alexandros*, de *alexein*, « repousser », et *andros*, « homme ». Alexandre, ou l'un des prénoms dérivés, signifierait donc « repousser l'ennemi » (apparemment, ça peut aussi vouloir dire « qui protège les hommes », enfin, « les Hommes » devrais-je écrire). Je ne sais pas s'il faut croire en l'étymologie grecque. Filippe, dérivé de Philippe, du grec *philippos*, « celui qui aime les chevaux ». Moi qui en ai pourtant une peur bleue...

De: Alex <Alex@multimail.fr>
À: Filippe Cavreini <F. Cavreini@intermail.com>
Date : 28 janvier

Message :

OK. Merci, mais on s'était entendus pour des réponses courtes.

Je vous rappelle que je vais devoir tout récrire à la main !

Nouvelle question : Quel est le dernier livre que vous avez lu ?

A.

De: Filippe Cavreini <F. Cavreini@intermail.com>
À: Alex <Alex@multimail.fr>
Date : 29 janvier

Message :

Alex(e ?),

J'ai d'abord été content de recevoir aussi vite une réponse, puis rapidement déçu en te lisant. Tu ne fais que me poser des questions, sans vraiment répondre aux miennes. Serais-tu journaliste ? J'ai déjà répondu à de nombreuses interviews. Une de plus ne m'intéresse pas. Mon âge m'octroie quelques libertés dont je compte bien profiter.

Je suis désolé, mais je ne vais pas poursuivre...

Bonne continuation et bonne(s) lecture(s).

F. Cavreini

Février

De: Alex <Alex@multimail.fr>
À: Filippe Cavreini <F. Cavreini@intermail.com>
Date: 1er février

Message:

Monsieur Cavreini,

Je suis en quatrième, j'ai quatorze ans.

Pas de panique donc, je ne suis pas journaliste. Je ne maîtrise pas les mots aussi bien que vous et je ne sais pas «bavarder». À l'oral pas plus qu'à l'écrit, d'ailleurs. Au collège, les profs me reprochent de m'isoler, de me fermer aux autres. À croire qu'on n'a pas le droit d'être timide ou même simplement de n'en avoir rien à faire des cours. Je ne suis pas très populaire, et alors? Qu'est-ce que ça apporte? Je n'ai que deux amis. Oui, uniquement deux: Samy et Laura, avec qui je partage tout. Avec Laura, nous sommes dans la même classe depuis le CP. Samy est arrivé en cours d'année de cinquième, après s'être fait virer de son collège. Par chance, on est voisins, on habite dans la cité des Lilas, en banlieue parisienne. La cité, c'est pas la vie qu'on décrit aux infos. Bien sûr, des fois ça craint, et il y a des heures où on sait qu'on aura des problèmes si on y traîne. Nous, on aime bien. On passe la plupart de notre temps libre chez Laura. Ses parents tiennent un bar et y passent leur vie. Donc on a l'appart pour nous. Pas de livres chez Laura, et Samy s'en fiche...

Chez moi, il n'y en a aucun non plus, et je n'ai jamais vu mes parents en lire. Enfin, ma mère... Mon père, le vrai, je veux dire, il est parti quand j'étais enfant. Ma mère n'en parle jamais, mais je pense que c'est à son départ qu'elle a commencé à mal tourner. Elle a un mec, Gilles, qui ne lit pas non plus... Il ne me calcule pas, et c'est très bien... Lui, à part la télévision... Enfin, je ne me plains pas, au moins, quand il y a un match, on est tranquilles... Voilà, ma vie n'est pas parfaite. Rien à voir avec ce qui se passe dans les films ou les livres. C'est pour ça que la lecture ne m'intéresse pas. À quoi cela me servirait de fantasmer une vie de rêve? une vie si loin de moi? Rien que l'idée me fait frémir... Je préfère de loin les dessins aux mots. Samy et moi, on graffe. On ne fait pas dans les tags ou trucs sauvages idiots. On n'écrit pas non plus des messages haineux ou des déclarations d'amour. Nous, on fait des tableaux (c'est Samy qui appelle ça comme ça). On réfléchit longtemps avant de se lancer. On fait plein de croquis. Le truc, c'est qu'on veut que ça ait du sens. Laura nous donne son avis et nous aide à trouver le meilleur endroit. Elle dit qu'on fait du bien à la cité, qu'on *redonne des couleurs au gris*. Ça veut pas dire grand-chose, mais c'est tout elle, cette phrase. Une vraie poétesse! Elle nous fait bien marrer, avec ses belles idées. D'ailleurs, j'y pense, tous les trois, on lit des bandes dessinées et des mangas. L'univers y est souvent bien plus proche du nôtre. Des fois, on y trouve de l'inspiration. Mais est-ce que ça, ça compte comme de la lecture? Lol.

Pour revenir à madame Grebbert, je crois qu'elle voit clair en moi. Une fois, elle a surpris Samy qui préparait notre prochain tableau sur un brouillon. Elle a carrément dit que les grapheurs étaient des loubards et, avant de déchirer le croquis, elle a lâché qu'elle n'en voulait pas dans sa classe. Je sais qu'elle habite aux Lilas, elle aussi. Laura peste que certains préféreront toujours le gris. Moi je ne sais pas... Elle ne peut sans doute pas comprendre les gens comme nous... On ne colle pas à son moule. Ça doit l'énerver. Un professeur, ça aime les élèves bien sages comme il faut. Samy et Laura sont moins pénibles que moi, ça passe encore... C'est pour ça qu'elle m'embête autant. S'il vous plaît, continuons notre échange de mails, peut-être qu'ainsi elle cessera de s'acharner sur moi...

Alex.

De : Filippe Cavreini <F. Cavreini@intermail.com>
À : Alex <Alex@multimail.fr>
Date : 2 février

Message :

Alex,

Je te remercie pour ton mail. À sa lecture, je me sentais honteux de t'avoir poussé à te confier à moi alors qu'on ne se connaît pas. Je suis sans doute bien trop curieux... Je ne te demande pas de me comprendre, j'ai parfois l'impression d'être isolé du Monde. À une époque, je sortais plusieurs livres par an et on me réclamait de partout. J'étais quelqu'un... Mais, un jour, mes textes n'ont plus intéressé les éditeurs. Ce que j'écrivais était qualifié de ringard, les critiques sont devenues d'abord amères puis assassines... Je dégringolais... On m'a commandé des textes, pensant que mon nom suffirait. Mais je ne sais pas écrire à la demande, moi, mon moteur, c'est la passion. Cela fait de nombreuses années que je n'ai plus publié. Aujourd'hui, j'écris quelques lignes avant de les effacer tellement je n'y crois pas... Depuis que ma Marie-Laure est décédée, je n'essaye même plus... Enfin...

Alors comme ça, tu es artiste ! Je ne sais pas pourquoi, mais je m'en doutais. Moi non plus, je n'aime pas les gribouillis, dédicaces ou injures que tu qualifies, à juste titre, de sauvages. Mais certaines œuvres, celles qu'on qualifie de *street art*, sont vraiment à couper le souffle. Elles sont grandioses et mériteraient leur place dans un musée. Cela dit, cet art est aussi beau parce qu'il est éphémère. Et ces artistes refusent les musées, ils y perdraient leur âme, ils préfèrent offrir leurs fresques directement au public, à un quartier... T'es-tu déjà retrouvé devant le travail de Banksy ou de C215 ? J'aimerais bien voir ce que vous faites... En revanche, je n'arrive pas à croire que madame Grebbert ne réussisse pas à t'intéresser ou à te motiver. Tu n'as pas l'air d'être de ceux qui se laissent faire... Rappelle-toi *alexandros*, « celui qui repousse l'ennemi ». Si cette Grebbert est ton ennemie, je veux bien t'aider à la repousser. Et puis, tout le monde n'est pas sensible à l'art. Même si cela reste étonnant pour une professeure de français. D'autres ont besoin qu'on les éveille à ce qu'ils ne connaissent pas. Tu as déjà dû remarquer qu'il est facile d'avoir peur de ce qu'on ne connaît pas et d'y associer des clichés. Pour ce qui est de la bande dessinée, les avis divergent chez mes confrères mais, selon moi, il s'agit bien de lecture. Même d'une lecture complexe, puisqu'il faut en même temps lire l'image et les phylactères. Tu peux donc annoncer à tes copains que vous êtes des lecteurs.

En ce qui concerne ta question précédente (quel est le dernier livre que j'ai lu), il m'est difficile de te répondre. Je lis quatre livres en même temps. Ainsi, pas d'ennui, si l'un ne me fait pas envie, j'attrape un des autres...

Dis-moi vite quelle est ta prochaine question.

Amicalement.

F. Cavreini

De : Alex <Alex@multimail.fr>
À : Filippe Cavreini <F. Cavreini@intermail.com>
Date : 4 février

Message :

Ça fait deux ans déjà que j'ai cette prof de français. C'est la pire du collège, sa passion, c'est de blinder les élèves de travail. (Quelqu'un osera-t-il lui dire un jour qu'il n'y a pas que sa matière au collège ?) En plus, elle est super laide. Pour dire, Laura la qualifie de sorcière. Elle a des loupes en guise de lunettes et des cheveux gras et blancs. Elle est si vieille qu'elle a eu ma mère en cours. C'est évident qu'elle me déteste. De toute façon, c'est réciproque ! Alors oui, c'est bien mon ennemie... Sans doute celle des autres aussi.

Aujourd'hui, je lui ai demandé ce qu'était un phylactère. Elle s'est mise à rire aux éclats. Je ne comprenais pas le comique de la situation, personne d'ailleurs. Toute la classe s'est tue. Jamais on n'avait vu la prof comme ça. Sûrement parce que jamais je ne lui pose de questions. Sentant le malaise, elle a fini par me dire du bout des lèvres : *Tu m'as prise pour un dictionnaire?* Et là, c'est toute la classe qui s'est mise à glousser... La honte pour elle ! J'ai cherché, du coup... Merci ! Vous ne pouviez pas dire « bulles » comme tout le monde ! Vous faites exprès de ne pas utiliser des mots normaux? C'est un challenge d'auteur? Vous avez une prime par mot bizarre? Ne cherchez pas plus loin, c'est sûr que si vous utilisez des mots que personne ne connaît, alors personne ne voudra de vos histoires...

La question suivante, c'est : Vous n'écrivez que pour la jeunesse, comment êtes-vous devenu auteur jeunesse? Est-ce différent d'un auteur tout court?

A.

P-S : J'ai tapé votre nom dans un moteur de recherche. Ce ne sont que des livres de vous qu'on y trouve? Tous? C'est dingue, vous en avez écrit combien? C'est déjà beaucoup, pourquoi voulez-vous en faire d'autres? J'y ai vu le livre que Grebbert a demandé qu'on lise: *Maux à mots*.

De: Filippe Cavreini <F. Cavreini@intermail.com>
À: Alex <Alex@multimail.fr>
Date: 5 février

Message:

Bonsoir Alex,

Cette désignation d'auteur jeunesse m'a toujours fait frissonner. En quoi un auteur est-il «jeunesse» ou pas? Quand j'écris, je le fais sans savoir que c'est la jeunesse qui me lira. Et puis j'accepte volontiers que des adultes me lisent aussi. D'ailleurs, tu sais, mes lecteurs jeunes ont vieilli, donc finalement, plutôt que d'auteur-pour-jeunes, on pourrait désormais me qualifier d'auteur-pour-anciens-jeunes. Je crois, en vérité, que les auteurs dits «jeunesse» sont des auteurs tout court! Quant à savoir comment je le suis devenu, c'est tout simple. À force de lire, j'ai eu envie de raconter des histoires. Marie-Laure m'a poussé et j'ai essayé d'écrire. Mon galop d'essai a plu à une maison d'édition. Mon texte a été édité, ma carrière était lancée. Ce roman, c'était justement *Maux à mots*. Dis-moi, l'as-tu déjà fini? Qu'en as-tu pensé? J'ai hâte de connaître ton avis.

Amicalement.

F. Cavreini

De : Alex <Alex@multimail.fr>
À : Filippe Cavreini <F. Cavreini@intermail.com>
Date : 6 février

Message :

Je crois que vous êtes la personne la plus bavarde que je connaisse. Mais je comprends bien votre problème d'auteur. C'est un souci de cases, que je rencontre aussi au collège. Chacun est placé dans une case. On ne sait jamais par qui ni pourquoi, mais c'est comme ça. Le truc, c'est que personne ne parvient à en changer... Samy, Laura et moi, on est dans la case des irrécupérables. Ceux qui sont en marge. Je ne le regrette pas, je sais que j'y suis pour quelque chose. Laura se bat encore pour s'en extirper... Pour Samy et moi, c'est différent, l'école ne nous intéresse pas, de toute façon. Certains profs l'ont compris et nous laissent tranquilles. Le problème, c'est qu'il y a les autres... Ceux qui se fichent des cases...

Bref, tout ça pour vous dire que je comprends.

Comme je vous l'ai déjà dit, je ne lis pas. En plus, j'ai regardé : 179 pages... Êtes-vous complètement dingue ? Vous ne m'avez pas dit pourquoi vous voulez refaire un livre. Pourquoi ne pas prendre votre retraite et voilà...? Après tout, vous en avez l'âge, non ?

Bonne nuit.

A.

De : Filippe Cavreini <F. Cavreini@intermail.com>
À : Alex <Alex@multimail.fr>
Date : 7 février

Message :

Bonjour,

Alors, comme ça, toi, repousseur(se) d'ennemis, tu trembles devant 179 pages ! Un objet aussi petit qu'un livre aurait raison de toi...

Tu as oublié de me poser la question suivante pour ton exposé. Alors, qui est le plus dingue des deux ?

C'est vrai que j'ai l'âge de la retraite, mais y a-t-il une retraite pour les passions ? Je pourrais en effet m'arrêter, cesser d'écrire. Mais je refuse de finir ma carrière sur ces échecs. Et si j'arrête, que me restera-t-il ? Toi, si tu ranges tes bombes de peinture, que deviendras-tu ?

Bonne journée.

F. Cavreini

De : Alex <Alex@multimail.fr>
À : Filippe Cavreini <F. Cavreini@intermail.com>
Date : 8 février

Message :

Très drôle !

Hors de question pour moi d'arrêter les graffitis, et vous l'écriture. Je me sentirais vide... Je peux faire quelque chose pour vous aider ? Je vous envoie la question ce soir. Là, je suis au collège.

A.

(Envoyé de mon téléphone.)

De: Filippe Cavreini <F. Cavreini@intermail.com>
À: Alex <Alex@multimail.fr>
Date : 8 février

Message :

Alex,

Hors de question, pareil !

Je ne sais pas trop ce qu'il me faut pour me débloquer. Avec tes copains, vous arrive-t-il de manquer d'inspiration pour un de vos tableaux ? Que faites-vous alors ? Bonne journée.

F. Cavreini

De: Alex <Alex@multimail.fr>
À: Filippe Cavreini <F. Cavreini@intermail.com>
Date : 8 février

Message :

Gilles a piqué une colère. Pas d'ordi pour moi ce soir.

J'espère demain.

A.

(Envoyé de mon téléphone.)

De : Filippe Cavreini <F. Cavreini@intermail.com>
À : Alex <Alex@multimail.fr>
Date : 9 février

Message :

Bonsoir Alex,

Je comprends.

Bonne nuit.

F. Cavreini

De : Alex <Alex@multimail.fr>
À : Filippe Cavreini <F. Cavreini@intermail.com>
Date : 11 février

Message :

Bonjour,

Je vous écris de chez Laura. Le bilan de ces derniers jours n'est pas glorieux. À mon retour, Gilles était déjà bien imbibé. Quand il est dans cet état-là, il râle et me reproche ce qu'il appelle mon « échec scolaire ». *C'est inadmissible. N'importe quoi. Un boulet qui fait de la peine à ta mère...* J'ai le droit à une salve de phrases chocs qui sont parfois difficiles à digérer. Lui a une explication toute simple : ma *sale* bande de copains et les graffs.

Du vandalisme, selon lui. Il hurle et peut devenir violent. Ça ne s'est jamais produit, mais c'est ce que ses yeux laissent deviner... Il me fait peur. Quand c'est comme ça, maman m'envoie systématiquement dans ma chambre et me somme de ne pas en sortir. D'habitude, je tends l'oreille, mais là je n'ai rien pu entendre de ce qu'ils se disaient...

Ce matin, je n'ai croisé aucun des deux, et c'est à pas de loup que j'ai filé au collège... Cet après-midi, on n'a pas cours, alors on est venus là pour organiser notre prochain *tableau*. J'ai demandé aux autres ce qu'ils pensaient de la panne d'inspiration. Ça ne nous est encore jamais arrivé. Pour nous, le plus gros du travail, c'est la recherche, pas la création. On débat beaucoup avant de s'arrêter sur un visuel et/ou une phrase. Samy impose toujours un sens à ce qu'on fait. Il veut pousser ceux qui regardent à réfléchir. Cet après-midi, on commence justement tout notre travail. On jette nos idées et on discute. Laura va encore vouloir faire un message de paix. Du genre *faites l'amour, pas la guerre*. Colombes, visages heureux et ciel bleu. Elle rêve d'un monde sans guerres et sans violence. Samy, je ne sais pas encore, mais il a rapporté plein de documents qu'il a imprimés au CDI. À mon avis, ça va encore être en lien avec l'actualité... On en saura plus en fin d'après-midi...

Justement, vous, quelles sont vos principales sources d'inspiration ?

J'espère que, ce soir, j'aurai récupéré mon ordi. Bonne journée.

A.

De : Filippe Cavreini <F. Cavreini@intermail.com>
À : Alex <Alex@multimail.fr>
Date : 12 février

Message :

Bonjour Alex,

Effectivement, ce Gilles n'a pas l'air facile à vivre. Mais apparemment ta mère arrive à s'en accommoder. J'espère que ça ira mieux ce soir...

Pour mes histoires, ce qui m'inspire est très varié. D'ailleurs, je ne sais jamais trop ce qui va éveiller en moi une histoire. Ce que je vis, les gens que je rencontre, ceux avec qui j'échange peuvent en être à l'origine... C'est comme pour vous et vos graffs, l'inspiration, ça va, ça vient... Personnellement, je laisse venir. Pendant plus de trente ans, les histoires ont fleuri comme ça et je n'ai eu qu'à les transcrire. Depuis un moment, rien ne sort. Je m'y astreins chaque jour pourtant. J'ai essayé de sortir, de m'inscrire à des associations pour rencontrer des gens, parler, échanger... J'ai même été jusqu'à me renseigner pour aller à l'université... Mais ce n'est pas pour moi... J'ai tenté plusieurs choses pour obliger de nouvelles idées à germer. Mais sans succès... Ça va venir...

Je suis très admiratif de votre façon de travailler. Vous vous fixez un vrai but. Vous voulez faire réfléchir... Moi, j'essaye de raconter des histoires pour faire passer des messages que j'estime importants, qui sont un miroir de la réalité. Qu'avez-vous choisi, alors? Il y a tellement d'idées importantes sur lesquelles il faudrait méditer... Laura a raison, la paix, la liberté, mais aussi le bonheur, l'amour... sont essentiels. Vous pourriez également dénoncer la violence ou le racisme... Samy veut témoigner à propos de l'actualité, malheureusement là encore il y a l'embarras du choix. J'ai hâte de savoir ce que vous aurez choisi... Qui dessine, Samy ou toi?

Je crois que je me suis habitué à nos mails, j'espère que tu auras récupéré ton ordinateur ce soir.

À très vite.

F. Cavreini

De : Alex <Alex@multimail.fr>
À : Filippe Cavreini <F. Cavreini@intermail.com>
Date : 12 février

Message :

Les gens avec qui vous échangez, comme moi?

Ça veut dire que tout ce qu'on se dit depuis plus d'un mois, vous allez vous en servir pour un livre?

C'est une blague?

A.

(Envoyé de mon téléphone.)

De: Filippe Cavreini <F. Cavreini@intermail.com>
À: Alex <Alex@multimail.fr>
Date: 13 février

Message:

Cela t'inquiète, on dirait. Rassure-toi!

Comme je ne sais toujours pas si j'ai affaire à une fille ou à un garçon, il semble que ça bloque toute mon imagination... Enfin, le peu qu'il me reste...

F. Cavreini

De: Alex <Alex@multimail.fr>
À: Filippe Cavreini <F. Cavreini@intermail.com>
Date: 13 février

Message:

Bonsoir,

J'ai pu récupérer mon ordi. Gilles n'est pas encore rentré. D'ailleurs, je me demande s'il était là ce matin... Maman ne veut rien me dire. Elle a sursauté quand j'ai ouvert la porte. Elle ne m'a pas laissé le temps de discuter, elle m'a direct demandé d'aller dans ma chambre. Ses yeux semblaient gonflés, elle avait dû pleurer...

Pour le graff, seul l'emplacement est décidé. Laura nous a dégoté un mur pas mal, celui d'une épicerie, pas loin du bar de ses parents, face à la gare. Elle a déjà vu avec le proprio, elle a dû bien argumenter, il est d'accord... Elle est géniale pour ces choses-là. On se met un peu la pression, c'est pour ça qu'on veut faire un truc bien... Rien n'est décidé à ce propos... Laura a promis qu'on passerait bientôt pour montrer des croquis... On dessine à deux, Samy et moi. Chacun a sa spécialité. Moi, j'adore dessiner les visages, alors que lui c'est plus un pro de la mise en place et des couleurs. Vous savez que, depuis l'autre jour, je réfléchis à ce que vous disiez sur ma peur du livre. Déjà, que les choses soient claires entre nous : je n'ai peur de rien. Et surtout pas d'un livre ! Je n'en ai jamais lu, c'est tout. Aux Lilas, on est plein dans ce cas-là. J'en ai parlé aux autres, ils pensent comme moi, 179 pages de bla-bla, ça n'a rien qui fasse rêver. Et ça ne fait pas de nous des trouillards... Mais une idée m'est venue pour votre livre : faites-le bref ! Ça ne s'est jamais fait, un livre d'une page ? Au moins, je ne perdrais pas trop de temps si jamais ça ne me plaisait pas. Bonne idée, non ?

Dites, c'était vrai ce que vous disiez sur la signification de mon prénom ?

Et encore une chose, ça ne me déplaît pas de bloquer votre imagination. Pas sûr que j'aimerais faire l'objet d'un délire d'auteur.

J'entends la voix de Gilles, je crois qu'il vient de rentrer. Je vous laisse... Je n'ai pas le cœur à vous poser la question suivante.

Je vous dis à demain.

A.

P-S : Moi, aussi, j'aime bien nos mails.

De : Filippe Cavreini <F. Cavreini@intermail.com>
À : Alex <Alex@multimail.fr>
Date : 15 février

Message :

J'espère que les esprits vont s'apaiser dans ta famille. Le week-end prochain, je pars en province pour un salon du livre. Il leur fallait un invité d'honneur. Ils m'ont choisi. Sûrement que personne n'était libre. Ça me fera voyager. Je n'aurai sans doute pas Internet et comme mon téléphone portable n'est qu'un simple téléphone, je ne pourrai recevoir ni envoyer des mails. Je ne relèverai pas tes doutes sur l'étymologie grecque de ton (probable) prénom. J'en souris d'avance et ne peux que te conseiller de consulter un dictionnaire...

Bonne soirée.

F. Cavreini

De : Alex <Alex@multimail.fr>
À : Filippe Cavreini <F. Cavreini@intermail.com>
Date : 15 février

Message :

Très drôle !

Consulter un quoi ?

Lol.

(Envoyé de mon téléphone.)

De: Alex <Alex@multimail.fr>
À: Filippe Cavreini <F. Cavreini@intermail.com>
Date: 15 février

Message:

J'espère que ça ne vous perturbe pas trop, mon téléphone envoie les mails, lui...

Lol.

(Envoyé de mon téléphone.)

De: Filippe Cavreini <F. Cavreini@intermail.com>
À: Alex <Alex@multimail.fr>
Date: 16 février

Message:

Je suis bien plus que perturbé... Pourquoi signes-tu tes messages de «lol»?

F. Cavreini

De: Alex <Alex@multimail.fr>
À: Filippe Cavreini <F. Cavreini@intermail.com>
Date: 16 février

Message:

Lol, ça veut dire «très drôle». Ça vient en fait de l'anglais *laughing out loud*. Laura dit que ça veut dire « rire à voix haute ». Oui, je vous vois venir, étrange d'écrire ça, mais bon, c'est un truc de jeunes. Il y a aussi MDR, « mort de rire », ou encore XPTDR, un truc comme « explosé-pété de rire »...

Vous croyiez que je signais lol comme si c'était mon prénom...? MDR

A.

(Envoyé de mon téléphone.)

De : Filippe Cavreini <F. Cavreini@intermail.com>
À : Alex <Alex@multimail.fr>
Date : 17 février

Message :

Alex,

Je me sens bien bête. Moi aussi je suis MDR ! Finalement tu avais raison, tu m'inspires ! Tu ne m'as pas dit de combien de questions se composait ton questionnaire... Tu as un peu perdu le fil de tes questions, on en est où ? Je pensais à ça l'autre jour, si c'est *Maux à mots* qui a initié ta punition, tu dois avoir des questions sur le roman aussi ? Comment feras-tu si tu ne veux pas le lire ? Comment feras-tu si 179 pages t'empêchent de finir ton interview ?

Je pourrai bien sûr en faire un résumé, mais ça ne sera jamais comme le livre...

Je laisse l'ordi allumé, il m'alertera de ta réponse. Je file bouquiner en attendant. As-tu déjà remarqué qu'on ne peut plus se passer des petits rituels qu'on a nous-mêmes instaurés ? Si je ne lis pas avant d'aller me coucher, je le sais, il me sera impossible de trouver le sommeil. Pour certains, c'est la musique qui les berce, ou encore un bon feuilleton à la télévision. La mienne est tombée en panne depuis longtemps.

De nouveau, je m'étale dans des bavardages inutiles. Allez, je t'attends, je lis...

Amicalement.

F. Cavreini

De: Filippe Cavreini <F. Cavreini@intermail.com>
À: Alex <Alex@multimail.fr>
Date : 18 février

Message :

Bonjour,

J'ai attendu tellement longtemps ta réponse que j'en ai fini mon livre. Ensuite, je n'ai pas pu retenir mes paupières. Elles étaient trop lourdes...

Toi aussi tu as dû t'endormir.

Comme je te l'avais dit, je pars quelques jours...

Bonne journée.

F. Cavreini

De: Filippe Cavreini <F. Cavreini@intermail.com>
À: Alex <Alex@multimail.fr>
Date : 21 février

Message :

Bonjour Alex,

Je reviens de mon salon du livre. Sans surprise. Bien sûr, j'y ai rencontré des gens adorables, des amoureux de littérature. Mais, chaque fois qu'on utilise le passé pour parler de mes livres, ça me peine terriblement.

Je pensais trouver une réponse de toi en rentrant. Mais rien. Ce silence m'inquiète un peu. Je sais que normalement je devrais attendre que tu aies écrit, mais je ne suis pas patient... J'ai pensé à notre correspondance tout le week-end. J'ai commencé la lecture d'un nouveau livre hier, pas mal du tout, il me tiendra éveillé le temps de recevoir un mail de toi...

Amicalement.

F. Cavreini

De : Alex <Alex@multimail.fr>
À : Filippe Cavreini <F. Cavreini@intermail.com>
Date : 24 février

Message :

Bonjour,

Excusez-moi, j'ai pris du temps avant de vous écrire de nouveau. Je pourrais vous mentir et vous dire que je n'en avais pas envie, que j'avais mieux à faire... Mais ça ne sert à rien. Maman m'inquiète... L'autre soir, Gilles est rentré, titubant comme très souvent maintenant... J'ai vu les yeux de ma mère... Elle avait peur et pour la première fois elle ne m'a pas ordonné d'aller dans ma chambre. Dès qu'ils ont échangé un regard, j'ai senti que c'était tendu. J'ai compris qu'elle préférait que je reste. Je ne la quitte pas, je la suis partout. Lui ne fait qu'aboyer alors qu'il est scotché à la télévision. J'avais besoin de réfléchir... Quoi faire? Comment? Ça fait deux jours que je n'ai pas été en cours, que je n'ai vu ni Laura ni Samy. Je leur ai envoyé un message en prétextant que j'étais malade. J'espérais que maman finirait par se confier, pour que je puisse l'aider... J'ai préféré ne pas allumer l'ordi...

Aujourd'hui, Gilles est sorti faire des courses, l'ambiance a l'air de s'améliorer, et j'ai branché l'ordi. Vos mails me manquaient. Quelle agréable surprise de constater qu'il y en avait trois qui m'attendaient! Merci.

J'ai beaucoup aimé l'histoire de votre télévision en panne. Vous, le vieil auteur, vous n'avez pas pris la peine d'en racheter une et vous n'avez plus que vos livres pour passer le temps! Si vous saviez... Il y a aussi les consoles, Internet, les téléphones... Et en plus, aux Lilas, il y a d'autres occupations moins intelligentes mais tout aussi accessibles. Nous avons la drogue, le trafic, la police... Chez moi, il y a la télévision, mais vous savez comment elle est occupée et qui la squatte... Laura est tous les jours sur les réseaux sociaux, et Samy... Eh bien, Samy, je ne sais pas comment il s'occupe avant d'aller au lit. Il n'en parle jamais, en tout cas. Vous allez être déçu, mais je n'ai personne pour me bercer... D'ailleurs, je crois que de nos jours plus personne ne berce personne. Votre télévision est tombée en panne depuis quand? Depuis Marie-Laure?

Je ne sais pas trop combien de questions il faut pour que le travail semble sérieux. À votre avis?

Question: Avez-vous un lieu privilégié pour écrire?

Pour une fois, soyez concis. Bonne journée.

Alex.

De: Filippe Cavreini <F. Cavreini@intermail.com>
À: Alex <Alex@multimail.fr>
Date: 25 février

Message:

Dans mon bureau.

F. Cavreini

De : Alex <Alex@multimail.fr>
À : Filippe Cavreini <F. Cavreini@intermail.com>
Date : 25 février

Message :

Lol !

S'il vous plaît, un peu moins concis...

A.

De : Filippe Cavreini <F. Cavreini@intermail.com>
À : Alex <Alex@multimail.fr>
Date : 26 février

Message :

Ah, il faudrait savoir. Lol.

Je comprends que tu aies besoin de réfléchir. J'espère que ta mère va accepter ton aide... Tu me donneras des nouvelles ?

À l'époque où j'étais très prolixe, j'écrivais dans mon bureau. C'est Marie-Laure qui me l'avait aménagé. Pas loin de notre chambre à coucher. Elle y avait placé aussi un canapé et une télévision. Pendant que j'écrivais, elle s'endormait là devant un téléfilm sans saveur. Elle m'embrassait tous les matins avant de partir à son travail, et tous les soirs elle se délectait de lire l'avancée de mon histoire. Ce bureau, c'est mon antre. J'ai fait enlever la télévision quand Marie-Laure est partie. C'était plus une distraction pour elle que pour moi. Depuis, je me lève pour m'asseoir à mon bureau et... je perds mon temps. Je m'ennuie...

J'écris sur un carnet, donc je pourrais écrire partout. Je n'utilise l'ordinateur que pour retranscrire tout le texte lorsqu'il est fini ou alors pour communiquer avec les maisons d'édition.

Je sais bien que ça ne me regarde pas, mais tu ne devrais quand même pas trop t'éloigner du collège et de tes amis. Où en êtes-vous de votre tableau? Pour ton interview, c'est toi qui dois savoir, pas moi. Tu ne m'as pas dit pour *Maux à mots*. Comment vas-tu faire?

Amicalement.

F. Cavreini

De : Alex <Alex@multimail.fr>
À : Filippe Cavreini <F. Cavreini@intermail.com>
Date : 27 février

Message :

Vous l'aimiez beaucoup, Marie-Laure ?

Maman fait comme si tout allait pour le mieux. Je ne la crois pas mais je fais semblant. Je sens pourtant son malaise en présence de Gilles. Vous avez raison, je ne peux pas trop l'aider, je lui ai dit que je retournerais au collège demain… Et puis revoir Samy et Laura va me faire du bien. Je vous tiens au courant pour le tableau. Et pour les questions, je réfléchis et vous dis ça vite. Pour *Maux à mots*, sûr que vous ne voulez pas me faire un petit résumé ?

A.

De : Filippe Cavreini <F. Cavreini@intermail.com>
À : Alex <Alex@multimail.fr>
Date : 28 février

Message :

Bonjour Alex,

Je suis ravi que tu retournes au collège. En revanche, je ne serai pas celui qui t'évitera de lire un livre... Marie-Laure était l'amour de ma vie, je l'ai aimée, l'aime et l'aimerai toujours...

Bonne journée.

F. Cavreini

De : Alex <Alex@multimail.fr>
À : Filippe Cavreini <F. Cavreini@intermail.com>
Date : 28 février

Message :

Monsieur Cavreini,

Incroyable ! Laura et Samy me l'avaient dit à mon arrivée ce matin, mais je n'y croyais pas. Pendant mon absence, madame Grebbert s'est inquiétée pour moi. Elle a même demandé des nouvelles à Laura et aujourd'hui elle a été super cool avec moi. Pas de remarques acerbes, pas de piques... Pour une fois, j'ai même apprécié son cours. À un moment, elle a parlé de *Carnets du vieil écrivain* (non, non, elle ne parlait pas de vous !) Comme je m'en souvenais bien, j'ai cité votre phrase sur la lecture. Celle du prof qui vous a fait apprivoiser la littérature. Pour la première fois, Grebbert a souri. Pas à ceux de d'habitude, les premiers de la classe... À moi ! J'ai même su lui dire le nom de l'auteur, « Guéhenno ». Laura m'a fait un clin d'œil. Grebbert avait l'air interloquée... À la récréation, des gens de la classe qui ne m'avaient jamais adressé la parole sont venus me parler... Étrange...

En tout cas, merci.

Ça m'a donné envie de reprendre mon idée de questionnaire, si vous êtes toujours d'accord. Je me suis dit qu'on pourrait peut-être commencer à entrer dans le vif du sujet : *Maux à mots*. Apparemment, c'est un jeu de mots. Vous aimez les jeux de mots ? Et de quels maux voulez-vous parler ?

A.

P-S : Ne me redites pas de lire... 179 pages, c'est trop !

Mars

De : Filippe Cavreini <F. Cavreini@intermail.com>
À : Alex <Alex@multimail.fr>
Date : 1er mars

Message :

Bonjour Alex,

Je suis bien content que tu aies marqué des points grâce à Guéhenno et à moi. Tu me demandes si j'aime les jeux de mots ? Qui ne les aime pas ? J'adore ça. D'autant plus que notre langue française est une vraie mine d'or. Mais je te le répète (tu es peut-être têtu(e), moi je le suis plus encore), je ne te donnerai aucune information sur ce livre avant que tu ne l'aies lu. Car, même si nous ne nous connaissons pas, j'ai refait le tour de notre correspondance et ton vocabulaire et tes formulations de phrases prouvent que tu es tout à fait capable de lire... Peut-être même plus...

Tu ne m'as rien dit pour votre tableau...

Bonne journée.

F. Cavreini

De : Alex <Alex@multimail.fr>
À : Filippe Cavreini <F. Cavreini@intermail.com>
Date : 1er mars

Message :

Ça c'est sûr, vous êtes têtu !

Est-ce que ça va me plaire ? Ça va me prendre combien de temps ?

A.

De : Filippe Cavreini <F. Cavreini@intermail.com>
À : Alex <Alex@multimail.fr>
Date : 2 mars

Message :

Alex,

Ce n'est pas moi qui t'ai demandé de travailler sur ce roman. Pose ces questions à madame Grebbert. Mais si elle vous le fait étudier en classe, elle doit avoir ses raisons, non ? Tu la connais bien, à ce que j'ai compris. Au-delà d'être moche et odieuse (même si elle s'arrange, à ce que tu dis, sur ce dernier point), elle suit tout de même une progression, un fil conducteur. Tes amis ne l'ont pas lu, eux? Vous n'en parlez jamais en classe?

À plus tard.

F. Cavreini

De: Alex <Alex@multimail.fr>
À: Filippe Cavreini <F. Cavreini@intermail.com>
Date: 3 mars

Message:

Madame Grebbert a juste donné le titre et nous a dit que ce livre devrait être lu pour avant les vacances de Pâques. Samy ne l'a même pas encore acheté. Moi non plus. Les parents de Laura lui ont rapporté un exemplaire. Mais elle est comme moi. Elle n'y a toujours pas touché.

À propos de notre tableau, on n'a pas encore avancé, les idées fusent sans arrêt et on ne parvient pas à se fixer sur l'une d'elles.

Pourquoi avez-vous écrit ce livre? C'est une histoire vraie? Allez, dites-moi...

A.

De : Filippe Cavreini <F. Cavreini@intermail.com>
À : Alex <Alex@multimail.fr>
Date : 3 mars

Message :

Alex,

Non, non, non... Je ne fléchirai pas. Quand j'y pense, c'est drôle que ce soit ce roman-ci exactement.

Et comment se passe la cohabitation avec Gilles ? Tu ne m'en parles plus...

F. Cavreini

De : Alex <Alex@multimail.fr>
À : Filippe Cavreini <F. Cavreini@intermail.com>
Date : 4 mars

Message :

Mais faites un effort ou transgressez votre règle.

Donnez-moi tout simplement envie de le lire... Fléchissez !

J'ai réouvert mon dictionnaire (si, si !) pour consulter la définition de *maux* et *mots*. Je voulais comprendre le sens de ce titre bizarre, comme vous me semblez vraiment très à cheval sur les mots, sans jeu de mots de ma part... Finalement je n'en sais pas plus.

À y réfléchir, je me demande bien ce que vous connaissez aux maux, ça c'est plutôt mon domaine... Les mots, le vôtre, je vous l'accorde...

A.

(Envoyé de mon téléphone.)

De: Alex <Alex@multimail.fr>
À: Filippe Cavreini <F. Cavreini@intermail.com>
Date: 6 mars

Message:

Apparemment vous ne voulez pas.

Qu'est-ce que vous êtes tenace! Je préférais quand vous étiez bavard...

J'ai une idée, je pourrais vous révéler qui je suis pour que vous acceptiez de m'en dire plus sans que j'aie besoin de lire votre roman. Alors? Qu'en dites-vous?

A.

(Envoyé de mon téléphone.)

De : Alex <Alex@multimail.fr>
À : Filippe Cavreini <F. Cavreini@intermail.com>
Date : 7 mars

Message :

Je n'arrête pas de consulter mes mails... Je suis au collège, et c'est interdit, au cas où vous ne le sauriez pas... Allez...

A.

(Envoyé de mon téléphone.)

De : Alex <Alex@multimail.fr>
À : Filippe Cavreini <F. Cavreini@intermail.com>
Date : 10 mars

Message :

Énième fois où je vais voir si j'ai une réponse de vous...

Cette fois-ci, je suis au CDI. J'ai une heure à perdre avant les prochains cours. Mademoiselle Poulain, la documentaliste, est sympa, je l'aime bien. Elle me laisse utiliser les ordinateurs alors que je n'ai pas de recherches à faire. Elle dit que je suis quelqu'un de bien... Elle croit en moi.

C'est une des rares adultes du collège à savoir ce qu'on fait, Samy, Laura et moi. En plus elle aime bien notre art... Gilles, je le déteste. J'aurais aimé que ma mère ne le rencontre jamais. Il ne quitte plus l'appartement, il a soi-disant perdu son travail. En avait-il un avant ? En attendant, ma mère se crève à son boulot de caissière. Elle fait des ménages en plus... Je vois ses traits se tirer davantage tous les jours. Et quand elle est à l'appartement, elle est aux petits soins pour lui... Elle n'ose plus se rebeller. Je ne l'entends plus râler ni même se plaindre. Elle n'en a plus l'énergie. Peut-on haïr quelqu'un comme je le hais ? Ça devient de plus en plus dur de le supporter. J'en viens à tout faire pour ne pas le croiser... Je sais bien que je ne suis pas de taille, mais comme j'aimerais... Grrrrr.

Toujours pas décidé à me révéler l'histoire de *Maux à mots* ou même simplement à m'en dire plus ? J'ai discuté avec mademoiselle Poulain, elle trouve mon idée de correspondre avec vous super. Elle est persuadée que madame Grebbert sera emballée. Elle m'a montré une étagère pleine de vos livres. Elle vous adore. Sa prof de français vous a fait intervenir auprès de sa classe alors qu'elle était au collège. Elle s'en souvient comme si c'était hier. Elle m'a même confié que vos mots, votre passion avaient éveillé en elle sa vocation. C'est pour ça qu'elle est devenue professeure-documentaliste... Elle s'est assise à côté de moi pour me raconter tout dans le détail. On aurait dit une fan hystérique. J'avais la tête farcie, heureusement que des élèves de sixième n'arrêtaient pas d'entrer et de la solliciter, ça me faisait des pauses... Et bla-bla-bla Filippe par-ci et bla-bla-bla Filippe par-là. Oui, parce qu'elle vous appelle par votre prénom. D'ailleurs, elle ne vous imagine pas du tout dépassé. Elle n'a pas cessé de me dire quelle chance j'avais d'échanger avec vous... Je lui ai demandé de me résumer *Maux à mots*. Comme j'avais eu la mauvaise idée de lui dire auparavant que vous ne vouliez pas m'en parler pour m'obliger à le lire, eh bien elle a refusé ! Elle a juste été chercher le livre pour que je l'emprunte... À croire que tout le monde se ligue contre moi.

Bon, répondez-moi... s'il vous plaît...

A.

De: Alex <Alex@multimail.fr>
À: Filippe Cavreini <F. Cavreini@intermail.com>
Date : 10 mars

Message :

Ne vous leurrez pas. Je sais bien pourquoi vous ne répondez pas.

Vous êtes entêté, c'est sûr...

Je ne le lirai pas !

A.

(Envoyé de mon téléphone.)

De: Alex <Alex@multimail.fr>
À: Filippe Cavreini <F. Cavreini@intermail.com>
Date : 12 mars

Message :

Vous devez avoir une connexion pourrie, défectueuse ou inexistante, un souci d'ordinateur, un salon du livre dans un trou paumé ou je ne sais encore quelle autre raison...

Ça m'intrigue, ce roman... Pourquoi disiez-vous que c'était drôle que ça soit celui-là ? Je suis chez Laura ce soir et tellement en colère. Sur les nerfs.

À l'appartement, ce soir, Gilles n'y était pas. Mais ma mère avait un œil au beurre noir... *Ce n'est rien, une chute idiote*, disait-elle en boucle. Comment aurais-je pu y croire alors qu'elle-même n'y croyait pas... Ses yeux étaient tout embrumés. Je voyais rouge... Tous les soirs, je redoute de rentrer, je ne sais pas comment je vais la retrouver. Elle s'épuise, enfin lui l'épuise... Elle s'occupe de lui plus que de moi. C'est un boulet, qui boit comme un trou. Dès qu'il est là, je dois aller me planquer dans ma chambre, maman me l'ordonne... Je n'ose pas répliquer, elle semble déjà à bout de nerfs. Ces derniers matins, je l'ai surprise qui boitait... Je m'inquiétais, je vous l'avais déjà dit à demi-mot. Depuis ça, j'ai commencé à imaginer le pire. Et puis maman refuse toute discussion. Même quand l'autre n'est pas là, elle me fuit... Alors ce soir, ces marques visibles... Je lui ai pris la main et je l'ai tirée tellement fort qu'elle a été bien obligée de me suivre. Elle criait : *Non, non, qu'est-ce que tu fais...?* Elle était tellement faible qu'elle ne parvenait pas à se débattre... Moi je n'entendais rien. J'ai déboulé toutes les marches. Elle a manqué tomber plusieurs fois... Elle me suppliait d'arrêter, disant qu'il ne fallait pas que je m'inquiète... Je fonçais, sans écouter... Sur le chemin du commissariat, je ne me préoccupais pas des gens qui se figeaient, stupéfiés par la scène. Maman beuglait et demandait de l'aide... Personne n'a osé s'interposer. *Voilà, on est au commissariat*, ai-je crié une fois dans le hall, *alors maintenant dis-leur que ce n'est rien, dis-leur que Gilles est un homme bien, attentionné et qu'il t'aime... Dis-leur que ce n'est pas lui qui t'a rendu le regard vide, l'œil noir, le cœur brisé... Dis-leur que tes larmes tous les soirs, ta fatigue à chaque seconde, c'est du bonheur... Dis-leur, maman... Parce que moi je n'y crois plus...* J'étais hors de moi, je ne me rappelle plus si j'ai tout dit exactement comme ça. Je me souviens juste du silence qui a envahi le poste. Les policiers présents, les gens... personne ne parlait... Mon souffle qui me manquait, mon cœur qui s'emballait... Un policier s'est approché pour me calmer, pendant que plusieurs consolaient ma mère qui s'est effondrée en larmes... Finalement, j'aurais dû faire ça plus tôt. Elle n'a pas eu le choix, elle a parlé, elle a tout déballé... Je n'ai pas eu le droit d'assister à son entretien, mais je l'ai observée de loin. Devant la femme qui l'interrogeait, je l'ai vue fondre en larmes, plusieurs fois... puis la femme l'a prise en photo. Un peu plus tard, un autre policier nous a proposé de nous accompagner chez nous, pour prendre quelques affaires, avant de nous demander si nous avions un endroit où dormir ce soir, au cas où Gilles rentrerait à l'appart. J'ai pensé à Laura, à ses parents... Un rapide coup de fil a suffi, et nous sommes chez eux à l'heure qu'il est... Je crois que cette soirée a épuisé maman. Pendant le trajet en voiture, elle ne m'a pas dit un mot. Le regard vide et les bras recroquevillés, je la sentais encore plus mal que chez nous. La mère de Laura est rentrée du bar pour nous accueillir. Elle s'est occupée de maman, l'a installée, puis nous a fait à dîner... Mais maman n'a rien répondu aux questions qu'elle lui posait... La mère de Laura n'a pas insisté et mon amie est restée muette aussi, ce qui est rare... À la fin du repas, maman est vite partie se coucher... Je n'arrête pas de me demander : « Ai-je eu raison finalement ? Et si je n'avais fait ça que pour moi ? Si cette situation lui convenait ? » J'ai raconté à Laura et à sa mère pour Gilles... Elles n'ont rien dit... Moi, ça m'a fait du bien de parler, de me confier... Je crois que j'ai honte... Je me sens bien alors que maman non... Vous en dites quoi?

A.

De: Alex <Alex@multimail.fr>
À: Filippe Cavreini <F. Cavreini@intermail.com>
Date: 12 mars

Message:

Impossible de dormir.

Tout le monde ici y parvient pourtant.

J'ai été voir maman, dont le visage est toujours crispé. Laura dort si profondément que je ne l'ai pas réveillée en allumant son ordinateur pour vous envoyer ce mail...

Ses parents m'ont conseillé de ne penser à rien. Comme si c'était facile! Ils sont gentils, ils sont là pour maman, alors que je ne me rappelle pas qu'elle leur ait déjà rendu service... Mes pensées reviennent en boucle. Je pense à maman, à Gilles... et, si bizarre soit-il, à votre *Maux à mots*... J'ai pris l'exemplaire de mademoiselle Poulain...

A.

De : Alex <Alex@multimail.fr>
À : Filippe Cavreini <F. Cavreini@intermail.com>
Date : 12 mars

Message :

Je n'ai pas pu résister...

J'ai commencé...

De : Alex <Alex@multimail.fr>
À : Filippe Cavreini <F. Cavreini@intermail.com>
Date : 12 mars

Message :

Monsieur Cavreini,

Qu'est-ce que vous m'agacez !... Mais je vous adore aussi !

Ce roman agit sur moi comme un aimant. 90 pages d'un coup ! Jamais ça ne m'était arrivé... C'est dingue ! J'ai sommeil... Dès que j'arrive à la fin d'un chapitre, je me dis que je vais refermer le livre, mais je ne résiste pas... Pourtant, ma journée a été longue et pénible. Je me suis plongé dans les maux d'un autre et j'ai mis de côté les miens... Comment avez-vous fait ? Vous avez inventé tout cela ? Cette histoire est-elle réelle ou imaginée ?

A.

De: Alex <Alex@multimail.fr>
À: Filippe Cavreini <F. Cavreini@intermail.com>
Date: 13 mars

Message:

Ayé! Je l'ai lu!

En entier et d'une traite...

En une soirée, enfin une nuit.

179 pages, quand même! Incroyable!

C'est la première fois. Vous ne pouvez pas imaginer...

Je tombe de sommeil, je comprends mieux pourquoi vous trouviez ça drôle que ce soit ce livre-ci. Excusez-moi de vous avoir dit que vous ne connaissiez que vos mots, je n'ai pas été très cool avec vous. Apparemment, vous connaissez mes maux à moi aussi...

Bonne nuit!

A.

P-S: Waouh, quelle fierté! Je vous ai dit merci? Lol.

De: Alex <Alex@multimail.fr>
À: Filippe Cavreini <F. Cavreini@intermail.com>
Date : 13 mars

Message :

Merci !

Lol.

De: Filippe Cavreini <F. Cavreini@intermail.com>
À: Alex <Alex@multimail.fr>
Date : 13 mars

Message :

Bonjour Alex,

On peut difficilement rendre un auteur plus heureux ! Je n'y croyais plus. J'ai trépigné d'impatience et, à de nombreuses reprises, j'ai failli craquer pour te répondre... Je n'étais pas chez moi hier, et les mails concernant ta maman m'ont beaucoup inquiété. Comment va-t-elle ce matin ? Que vous ont dit les policiers ? Rassure-toi, tu as bien fait de l'y amener. C'est courageux, et tu l'as sans doute sauvée. Il faut lui laisser le temps de digérer tout cela et prendre du recul. Après tout, tu ne sais pas depuis combien de temps elle subit les violences de cet homme. Elle doit se mentir depuis longtemps. Ne lui en veux pas, elle doit vouloir te protéger. De toute façon, il est plus prudent de demeurer chez ton amie Laura. Reste auprès de ta maman aujourd'hui, occupe-toi d'elle, discute, échange, parle-lui de tes tableaux, de ta lecture, fais-la sourire... Je t'envoie mes plus chaleureuses pensées. Bonne journée.

F. Cavreini

De : Alex <Alex@multimail.fr>
À : Filippe Cavreini <F. Cavreini@intermail.com>
Date : 14 mars

Message :

Maman dort encore.

Les parents de Laura sont partis tôt ce matin et ont accepté que nous restions auprès d'elle. Samy va nous rejoindre aussi. Je savais que vous répondriez ce matin. Merci. Ça m'a fait plaisir...

Et c'est tout, vous ne posez pas de questions sur le livre ? Vous ne voulez pas savoir ce que j'ai aimé ? ce qui a su me toucher ? Votre curiosité s'est envolée ou quoi... ?

A.

De : Mademoiselle Poulain <CDI-Lilas-Mlle-Poulain@intermail.com>
À : Filippe Cavreini <F. Cavreini@intermail.com>
Date : 14 mars

Message :

Monsieur Cavreini,

Je me présente, je suis mademoiselle Poulain, professeure-documentaliste au collège des Lilas, en région parisienne. Cette année, une collègue, madame Grebbert, professeur de français, fait travailler ses élèves de quatrième sur un de vos romans. Le premier, je crois : *Maux à mots*. J'aurais voulu savoir si vous interveniez auprès de jeunes. Ce serait merveilleux de permettre à ces élèves de rencontrer un grand auteur comme vous. Cela changerait leur vision du livre et de la lecture. L'idéal serait que vous soyez disponible le vendredi, veille des vacances de Pâques. Madame Grebbert a prévu cette date pour la fin du travail sur votre roman.

Je vous prie de croire, monsieur, en l'expression de ma considération respectueuse.

Mademoiselle Poulain

De : Filippe Cavreini <F. Cavreini@intermail.com>
À : Alex <Alex@multimail.fr>
Date : 15 mars

Message :

Alex,

N'est-ce pas toi qui voulais m'en poser, des questions ? Lol.

Je ne voulais pas t'ennuyer. Je les aurais posées plus tard. Tu as passé une bonne journée ? C'est bien que tes copains aient pu t'épauler. Ta maman a-t-elle réussi à sortir de sa torpeur ? Je suis impressionné que tu aies lu mon roman d'une traite. Je ne cesse d'y penser... Figure-toi que, depuis ce silence que j'ai imposé (encore désolé) à notre correspondance, j'ai réussi à dépasser le cap des quelques lignes que j'efface habituellement. Nos mails m'ont redonné une pêche incroyable. J'écris chaque jour, puis une bonne partie de la nuit. Mon imagination s'est comme délivrée. Tu vas trouver que c'est énorme, mais j'arrive aujourd'hui à la centième page... Cela me fait un bien fou ! Dans mon élan, j'ai envoyé le début de mon texte à un éditeur qui m'a très vite répondu qu'il adorait... Je crois que tout cela, c'est grâce à toi...

Tu as aimé l'histoire de Cathy et François, alors? C'est drôle, n'est-ce pas, que le roman se passe dans la cité des Roses? Crois-tu que ta prof l'ait fait exprès? Vous a-t-elle fait lire un autre livre? avec une autre cité fleurie? En effet, j'ai inventé une grosse partie de l'histoire de *Maux à mots*. Mais je dois t'avouer que j'ai grandi et longtemps habité dans cette cité. Ma meilleure amie s'appelait Catherine mais se faisait appeler Cathy, ça sonnait plus américain, selon elle. J'ai imaginé, ou plutôt grossi les problèmes qui me tracassaient, j'avais besoin d'écrire... On dit souvent que, dans un texte, il y a toujours un peu de l'auteur. Que ce soit conscient ou non, il distille des petites informations sur sa vie... Moi, j'y confesse les problèmes avec mes parents... Dans ce roman, j'ai mis toutes mes peines d'ado, tous mes maux...

Dis-moi, où en est ton questionnaire? On se rapproche de la date butoir... Ton exposé doit commencer à prendre forme. Tu n'as pas envie de lire autre chose? Ne te sens-tu pas désormais prêt à affronter 180 pages ? Ou même 200 ? Lol.

Pense à me donner des nouvelles de ta maman.

Amicalement.

F. Cavreini.

De : Alex <Alex@multimail.fr>
À : Filippe Cavreini <F. Cavreini@intermail.com>
Date : 16 mars

Message :

Oui, effectivement, il reste deux semaines avant les vacances !

Et tant mieux !

Je dis ça plus par principe que pour autre chose. Ça fait déjà deux jours que je ne vais pas au collège. Et là, c'est le week-end. Bizarrement, ça me manque. Même les cours avec madame Grebbert. J'aimerais lui dire que j'ai lu le livre. Je crois qu'elle serait contente. Laura et Samy, au début, n'ont pas voulu me croire. Ils pensaient à une blague, mais vu ce qui se passe avec maman, ils ont compris que je n'avais pas le cœur à rire. Je leur ai parlé de Cathy et François. Comme s'ils existaient. Samy m'a posé plein de questions. À entendre la manière dont je lui racontais, il avait l'impression que je les connaissais en vrai. Quand j'y pense, je les imagine réels. D'ailleurs, j'aimerais bien savoir ce qu'il leur est arrivé. Enfin, à vous, du coup. Cathy, vous la voyez encore? A-t-elle retrouvé son père? Et François, ses parents ont-ils finalement accepté qu'il vive de sa passion? Bref, qu'est-ce qui se passe après? Il y a un tome deux?

Ça fait toujours ça quand on lit? Je pensais que ça s'arrêterait une fois le livre fini. Mais, depuis, je n'arrête pas d'y réfléchir. À table, hier soir, en parlant, je me disais, «justement, c'est ce que doit se dire Cathy»... Vous connaissez un autre livre où il est question de chercher un parent?

Je n'ai pas voulu trop en dire à Laura et à Samy, pour qu'ils s'y plongent aussi. C'est rageant, j'aimerais en parler, mais je ne veux pas leur gâcher le plaisir... Laura s'est mise à le lire, du coup. Mais elle avance doucement. Elle me dit où elle en est et me pose des tas de questions sur la suite, avant de m'interdire de lui répondre. Je crois que ça lui plaît. Samy doit lire aussi, je pense. Il est parti hier avec l'exemplaire que j'avais du CDI et on ne l'a pas vu de la journée...

Maman dort beaucoup, mais le père de Laura dit qu'elle reprend des couleurs. Quand je lui parle, elle baisse les yeux et fuit mon regard. Pourtant je l'ai entendue chuchoter avec Laura...

Ça parle de quoi, votre nouveau texte?

A.

De: Filippe Cavreini <F. Cavreini@intermail.com>
À: Alex <Alex@multimail.fr>
Date: 17 mars

Message:

Alex,

Hé non! Il n'y a pas de tome deux...

Toi, qu'imaginerais-tu, après?

F. Cavreini

P-S: Pourrais-tu me donner l'adresse du bar des parents de Laura, s'il te plaît? Merci.

De : Alex <Alex@multimail.fr>
À : Filippe Cavreini <F. Cavreini@intermail.com>
Date : 17 mars

Message :

Cathy, avec l'aide de sa mère, fait aboutir ses démarches à la fin du livre. Elle retrouve son père et réalise qu'il vit dans une ville voisine. Avec François, elle ira le rencontrer. Je l'imagine un peu bourru, mais il doit avoir ses raisons. Pour François, j'imagine que ses peintures vont avoir un succès fou... et, au risque d'être un peu fleur bleue, ils vont peut-être finir par sortir ensemble. Non ?

A.

P-S : Normalement je ne devrais pas vous donner d'adresse. Après tout, vous êtes un inconnu. Lol. Mais bon, ça fait longtemps que nous correspondons, alors je vous fais confiance. J'espère que j'ai raison. Le bar s'appelle Bar de l'Étoile, 12, boulevard Charles-de-Gaulle, 93260, Les Lilas. Pourquoi me demandez-vous ça ?

De: Filippe Cavreini <F. Cavreini@intermail.com>
À: Alex <Alex@multimail.fr>
Date : 18 mars

Message :

Je constate que tu as pas mal d'imagination, toi aussi. Ce sont de bonnes idées. J'ai rencontré de nombreux lecteurs et chacun d'eux m'a proposé une suite probable... Comprends-tu où je veux en venir ?

F. Cavreini

De: Alex <Alex@multimail.fr>
À: Filippe Cavreini <F. Cavreini@intermail.com>
Date : 19 mars

Message :

Oui, mais pour Catherine et vous ? Et la cité des Roses ?

(Retour au collège aujourd'hui, je vous raconterai la tête de Grebbert quand je vais lui dire pour le livre.)

(Envoyé de mon téléphone.)

De : Filippe Cavreini <F. Cavreini@intermail.com>
À : Alex <Alex@multimail.fr>
Date : 19 mars

Message :

L'histoire du livre est finie. Ma vie a continué, elle. Celle de Catherine aussi. Elle est partie aux États-Unis retrouver son père. Ça ne s'est pas très bien passé. Mais elle y est restée et a rencontré l'homme qui est devenu son mari et le père de ses deux enfants. À force d'efforts, elle a réussi à nouer des liens avec son père et il a été un bien meilleur grand-père... Je n'ai plus de nouvelles depuis longtemps à présent. Ses enfants doivent avoir une cinquantaine d'années. Quant aux soucis de François avec ses parents, se sont-ils résolus ? aggravés ? Qu'advient-il de lui ? Je te laisse inventer...

Je n'ai pas écrit de suite car je n'aurais rien eu d'intéressant à dire. Alors j'ai préféré laisser aux lecteurs le soin de l'imaginer. À quoi bon clore l'histoire alors que d'autres m'attendaient... Mon nouveau texte, j'y ai posé le point final à l'instant, d'où ma réponse tardive. Demain je le relirai pour voir s'il faut y apporter des corrections.

Bonne journée.

Courage, plus que quelques jours!

F. Cavreini

De : Filippe Cavreini <F. Cavreini@intermail.com>
À : Mademoiselle Poulain <CDI-Lilas-Mlle-Poulain@intermail.com>
Date : 20 mars

Message :

Mademoiselle Poulain,

Je suis toujours enchanté de rencontrer des jeunes. Je trouve ces échanges enrichissants et revigorants. Et puis si, en amont, il y a un travail de préparation, c'est encore plus intéressant. Je suis disponible à la date voulue, donc pas de problème. Vous m'indiquerez l'heure et le lieu du rendez-vous.

Au plaisir de vous rencontrer, vous et votre collègue.

Cordialement.

Filippe Cavreini

De : Alex <Alex@multimail.fr>
À : Filippe Cavreini <F. Cavreini@intermail.com>
Date : 20 mars

Message :

Bonsoir,

Ce matin, sur le chemin de l'école, Samy a déboulé devant nous, super fier de lui. Il avait fini votre livre. Laura était verte de jalousie. On n'a pas arrêté de faire des messes basses toute la journée pour se dire ce qu'on en pensait. Il est d'accord avec moi pour la suite. (Je ne lui ai rien dit pour la vraie Catherine.) Laura a boudé mais, aussitôt qu'elle a pu, elle s'est remise à sa lecture. Je suis allé voir madame Grebbert, à la fin du cours, je lui ai annoncé la grande nouvelle, elle a été bluffée. Elle a écarquillé les yeux et m'a souri. Finalement, elle n'est pas si laide que ça. On a parlé un moment des problèmes de Cathy... Elle m'a demandé mon avis... J'ai bien aimé discuter avec elle. Elle ne pensait pas que la punition aurait cet effet-là. Elle m'a redit qu'il y aurait un débat sur le livre juste avant les vacances et qu'elle nous ferait une surprise. Ce qu'elle ne sait pas, c'est que moi aussi... Je crois que mon initiative de vous avoir contacté pour vous soumettre un questionnaire va lui plaire. Je réfléchis, je ne sais pas trop encore comment faire... J'aimerais un truc original...

Ce soir, un policier est venu chez les parents de Laura nous dire que Gilles avait été arrêté. Apparemment, il y avait d'autres délits à son actif et nous ne le reverrons pas de sitôt. Maman a paru soulagée. D'autant qu'elle avait eu l'impression d'être suivie ces derniers jours. Avec les parents de Laura, nous avons convenu que nous rentrerions demain soir chez nous. Ma mère fuit toujours mon regard... Je ne sais pas pourquoi. C'est dingue, on n'a toujours pas parlé depuis l'autre jour. J'ose pas...

Et vous, vous avez relu? Alors, combien de pages? Vous ne m'avez pas dit de quoi il s'agissait... Pourquoi vous me laissez deviner pour François? C'est vous, François, vous savez bien ce qui vous arrive après la fin du livre, non? Vous rencontrez Marie-Laure...

A.

De : Filippe Cavreini <F. Cavreini@intermail.com>
À : Alex <Alex@multimail.fr>
Date : 21 mars

Message :

Alex,

Hé non, je ne suis pas François, mais Filippe ! Comme je te l'ai dit, François me ressemble mais il n'est pas moi. Le (ou la) repousseur(se) d'ennemis n'ose pas discuter avec sa mère...

Courage !

F. Cavreini

De : Alex <Alex@multimail.fr>
À : Filippe Cavreini <F. Cavreini@intermail.com>
Date : 22 mars

Message :

Grrr...

Vous m'énervez avec vos bons conseils.

Avec maman, nous venons de parler pendant deux heures.

Je vous raconte demain, là, j'ai trop sommeil...

Merci.

A.

De: Alex <Alex@multimail.fr>
À: Filippe Cavreini <F. Cavreini@intermail.com>
Date: 22 mars

Message:

Bonjour!

J'espère que ça va, vous. Des nouvelles de votre texte?

Je suis au CDI, mademoiselle Poulain est tout sourire. À peine me voit-elle qu'elle me parle de vous. *Tu viens écrire un mail?* Je n'ai même plus besoin de demander...

Hier j'ai donc «osé». J'ai parlé à maman. Face à elle, j'ai planté mes yeux dans les siens et j'ai murmuré: *Tu m'en veux?* J'appréhendais sa réponse... Maman a soutenu mon regard. Je la sentais sur le point de pleurer. Elle a ouvert ses bras et m'a fait signe d'approcher. C'est à elle-même qu'elle en veut. Elle m'a avoué qu'elle avait honte... Ses larmes ont fait couler les miennes. Elle a été impressionnée par ma maturité, m'a-t-elle dit. Elle est fière de moi... Comme on n'est pas les plus forts dans la famille pour montrer nos sentiments, elle m'a demandé des nouvelles de ma vie. Elle m'a promis que ça allait changer, qu'elle trouverait un autre emploi et qu'on passerait du temps ensemble... Je lui ai parlé de votre roman, de nos mails puis de nos tableaux, avec Samy et Laura. Elle ne savait pas. J'ai réalisé qu'on n'en avait jamais discuté. En fait, jamais on n'a pris le temps de se raconter nos vies... Elle a appelé ça de l'art et a trouvé ça beau. Ce soir, en rentrant chez nous, nous avons prévu de passer voir quelques tableaux... comme une exposition itinérante, a-t-elle plaisanté. Elle a l'air d'aller mieux...

Je vous laisse, j'ai cours. Moi aussi, j'ai envie de faire des efforts et d'avoir de bons résultats.

À plus !

A.

De : Filippe Cavreini <F. Cavreini@intermail.com>
À : Alex <Alex@multimail.fr>
Date : 23 mars

Message :

De belles nouvelles. Je suis ravi que vous puissiez rentrer chez vous.

Finalement c'est un nouveau départ, le temps des résolutions... C'est très bien !

Je te souhaite une excellente journée.

F. Cavreini

P-S : Toujours pas décidé(e) à me le dire ? Ne m'en veux pas de te relancer, la curiosité est un vilain défaut, je le sais déjà...

De : Alex <Alex@multimail.fr>
À : Filippe Cavreini <F. Cavreini@intermail.com>
Date : 24 mars

Message :

Bonsoir,

Nous avons attendu le retour des parents de Laura pour les saluer et les remercier. Maman leur avait mitonné un bon petit plat (ça sentait super bon). Elle s'est excusée de ne pas pouvoir faire plus. La mère de Laura l'a embrassée chaleureusement. Au fait, les parents de Laura sont revenus du bar avec un colis *pour Alex(e)*. Ils n'ont pas tout compris, et encore moins quand j'ai ouvert le paquet. Une demi-douzaine de bouquins... et votre petit mot. Des livres : cela ne pouvait pas me faire plus plaisir. (Je crois d'ailleurs qu'on ne m'en avait jamais offert. Lol.) Maman a ri en voyant ma tête. Il paraît que je faisais une drôle de grimace devant le nombre de pages de certains. Laura en a profité pour nous annoncer qu'elle avait fini *Maux à mots* et qu'elle avait adoré. Je vais les lire, promis ! C'est super gentil en tout cas. Je vais commencer par celui qui a la couverture rouge. Il m'attire bien, celui-ci... Maman a lu la quatrième de couverture et pense qu'il me plaira. Elle aussi aimerait le lire. Je ne sais pas ce que vous avez fait, mais mon entourage ne parle que de vous et de lire. Une sorte de colis piégé à l'envie de lire ? Lol.

Là, nous sommes chez nous. De retour ! On a pris le temps, maman a tenu à s'émerveiller de « mon » talent (et de celui des autres, mais elle regardait surtout mes œuvres). Je lui ai raconté comment on avait eu telle idée ou telle autre. *Ton père aussi dessinait*... C'était la première fois qu'elle m'en parlait... Je ne l'ai même jamais vu en photo. Je ne sais pas à quoi il ressemble. Ni si je lui ressemble... Ce sujet a toujours été tabou à la maison. Je le lui ai dit, du coup elle m'a promis qu'un jour elle me raconterait leur rencontre. Elle m'a juste dit que nous avions les mêmes yeux... Je crois qu'elle est toujours amoureuse de lui. Vous auriez une histoire à raconter, avec ça... Nous avons fini par prendre une pizza à emporter que nous avons grignotée à l'appart. De boîtes poussiéreuses, elle a extirpé de vieilles photos où l'on voyait un beau jeune homme : mon père...

Je vous souhaite une bonne nuit. Demain, je me mets à la lecture... Je ne tiens plus...

A.

P-S : La curiosité, je connais. Lol. Mais au début, c'est vous qui avez voulu jouer, non ?

De : Filippe Cavreini <F. Cavreini@intermail.com>
À : Alex <Alex@multimail.fr>
Date : 25 mars

Message :

Si les livres t'ont comblé(e), tant mieux !

Un bon livre permet de voyager et de mûrir. Sur ce dernier point, tu sembles n'en avoir pas besoin, mais voyager, connaître de nouvelles choses... J'espère que ces livres te plairont. Au-delà de leur nombre de pages. Lol.

Et ton questionnaire? Fini?

Amicalement.

F. Cavreini

P-S: Même si je m'y suis fait, je l'avoue, c'est tout de même intriguant. Tu sais que j'ai relu toute notre correspondance rien que pour débusquer un accord ou un indice qui me donnerait même l'ombre d'une piste... Allez, s'il te plaît, dis-moi si tu es *une* ou *un*...

Quelques semaines plus tard…

De : Mademoiselle Poulain <CDI-Lilas-Mlle-Poulain@intermail.com>
À : Filippe Cavreini <F. Cavreini@intermail.com>
Date : 15 avril

Message :

Monsieur Cavreini,

Encore merci de nous faire l'honneur de votre venue. Madame Grebbert et moi-même sommes aux anges. Pour la rencontre de demain, si cela vous convient, ma collègue aimerait vous donner rendez-vous dans le parc de l'hôtel de ville à 14 heures, au pied de la cité des Lilas.

À demain !

Mademoiselle Poulain

De: Alex <Alex@multimail.fr>
À: Filippe Cavreini <F. Cavreini@intermail.com>
Date: 16 avril

Message:

Pour une surprise, c'était une surprise!

Vous! En vrai! Filippe Cavreini aux Lilas! Incroyable!

Madame Grebbert a fait fort! Mademoiselle Poulain aussi, d'ailleurs! Quand j'y pense, quelle cachottière, cette documentaliste! Lol. Je n'y ai vu que du feu!

Quand, le matin, un éducateur est venu nous dire que les cours de l'après-midi étaient chamboulés sous l'impulsion de madame Grebbert, toute la classe a commencé à faire des hypothèses farfelues. C'est Laura qui a pensé que vous seriez là. Samy lui a répondu que c'était impossible. *Impossible comme de lui envoyer des mails*, lui a alors rétorqué Laura. Sur cette piste, elle a posé des questions aux bonnes personnes... et a su assez vite qu'elle avait raison.

Depuis quand tout cela est-il organisé?

Comment avez-vous su pour le parc de la ville? Qui vous l'a dit?

Notre tableau, vous avez aimé?

Et vous, avez-vous passé une bonne journée?

A.

De: Filippe Cavreini <F. Cavreini@intermail.com>
À: Alex <Alex@multimail.fr>
Date: 16 avril

Message:

Bonsoir,

J'ai passé une excellente journée. Ça fait quelques semaines déjà que mademoiselle Poulain m'avait contacté. J'ai discuté avec elle aujourd'hui et, à force de descriptions, je me suis rappelé notre première rencontre, une intervention comme celle d'aujourd'hui. Elle est devenue une jeune femme passionnée... Madame Grebbert n'est pas mal non plus dans son genre, on voit qu'elle aime son métier...

Pourquoi ce parc? Quand j'ai appris ça, j'ai été surpris que le rendez-vous soit là. Madame Grebbert m'a confié qu'elle admirait les artistes de rue qui prennent position. Ceux qui poussent à réfléchir, qui ne restent pas les bras ballants à subir, mais au contraire se dressent contre l'ignorance, l'obscurantisme et l'oppression. On lui a parlé de votre tableau et elle et mademoiselle Poulain ont pensé que c'était un lieu idéal pour une rencontre. Devant la gare, comme tu me l'avais dit. Bel emplacement. Elles m'ont dit qu'elles se doutaient que ces artistes étaient de ta classe. Elles y ont vu une inspiration de *Maux à mots*, c'est pourquoi elles ont voulu que moi aussi je voie ceci... Madame Grebbert, on aurait dit une enfant, ses yeux pétillaient, tu l'as remarqué? Elle a vraiment admiré votre travail... Elle m'a parlé du changement qu'elle avait vu s'opérer en vous. Grâce à la lecture...

La vérité, c'est que votre tableau est magnifique, les couleurs sont belles, les dessins oniriques, et cette phrase... *Que les mots remplacent les maux, qu'un livre (même des livres) délivre(nt), pour moi, le réveil fut magique, des livres et moi...* J'ai pris une sacrée claque moi aussi. Depuis, je n'arrête pas de regarder la photo que j'en ai prise. Le jeu de mots est parfait! Tu as tout compris! Un livre peut te délivrer d'un quotidien, d'une morosité, le voyage est gratuit et instantané. Quelques lignes et tu t'envoles... J'étais très ému et je n'ai pas pu me retenir, je lui ai dit que je savais... Je savais qui étaient les artistes... Je me suis tu quand elle m'a questionné... Je ne voulais pas trahir votre anonymat... D'ailleurs, j'ai beaucoup aimé la spontanéité de Samy quand il s'est étonné de mon âge. Moi, le vieil auteur. Et la timidité de la jolie Laura au moment de demander une dédicace... Mais toi...

Alex... où étais-tu ? Ce matin, en partant pour les Lilas, j'étais persuadé que je te rencontrerais, que je saurais... Je n'ai pas quitté tes deux amis des yeux. À aucun moment, une troisième personne ne les a rejoints... Juste avant de partir, sur le quai de la gare, j'ai tout de même demandé à mademoiselle Poulain : *Et Alex n'était pas là aujourd'hui ?...*

Le train allait partir, j'ai embarqué d'un bond alors qu'elle fronçait les sourcils : *Quel Alex ? Il n'y a pas d'Alex dans la classe...*

Je présume qu'Alex n'est pas ton prénom... Je devine par ton mail précédent que tu étais là cet après-midi. Je m'escrime à revivre la scène, j'essaye de repenser à tous ces visages... Mais tu ne me diras rien... n'est-ce pas?

F. Cavreini.

De : Alex <Alex@multimail.fr>
À : Filippe Cavreini <F. Cavreini@intermail.com>
Date : 17 avril

Message :

Eh bien non! C'est vous qui disiez : *Il y a une part qu'il faut laisser à ses lecteurs pour qu'ils imaginent ce qu'ils veulent.* Alors, imaginez!

A.

L'auteur

Après avoir beaucoup voyagé, autant dans ses lectures qu'à travers le monde, **Matt7ieu Radenac** a décidé d'habiller son prénom d'un 7 et de s'inventer un univers d'histoires et de dessins. Il commence son parcours par l'illustration d'albums de jeunesse et de couvertures, avant de se lancer dans l'écriture de son premier conte, *Magie de cheveux*, qui sera suivi par d'autres publications. Matt7ieu Radenac est également professeur de mathématiques.

Du même auteur

Aux éditions Syros :

La Fille qui n'aimait pas les fins, avec Yaël Hassan, coll. « Tempo », 2013

Quatre de cœur, avec Yaël Hassan, coll. « Tempo », 2016

Chez d'autres éditeurs :

Ces drôles de mots des parents, Le pré du plain, 2008

Magie de cheveux, Le pré du plain, 2008

Ces drôl'2 mots des parents, Le pré du plain, 2011

Ces drôles de mots d'amour, avec Géraldine Tortes, Le pré du plain, 2012

Crabe de néné, Éditions du bout de la rue, 2012

Dans la collection
tempo

Cher cousin caché...
Dominique Brisson

Gros sur la tomate
Dominique Brisson

On dirait le Sud
Dominique Brisson

Un petit quelque chose de différent
Éléonore Faucher
(Sélectionné par le ministère de l'Éducation nationale)

Un écrivain à la maison
Roland Fuentès
(Sélectionné par le ministère de l'Éducation nationale)

Un écrivain dans le jardin
Roland Fuentès

L'Écrivain clémentine
Roland Fuentès

Tics olympiques
Roland Fuentès

La Citadelle de glace
Roland Fuentès

L'Heure des chats
Myriam Gallot

Le Pays à l'envers
Myriam Gallot

760 générations
Myriam Gallot

Ma vie sans mes parents
Myriam Gallot

C'était mon oncle !
Yves Grevet

Jacquot et le grand-père indigne
Yves Grevet

Momo, petit prince
des Bleuets
Yaël Hassan

Momo des Coquelicots
Yaël Hassan

Des lauriers
pour Momo
Yaël Hassan

L'Usine
Yaël Hassan

Des livres et moi
Matt7ieu Radenac

La Fille qui n'aimait
pas les fins
Yaël Hassan
et Matt7ieu Radenac

Quatre de cœur
Yaël Hassan et Matt7ieu
Radenac

Le Banc
Sandrine Kao

La Roue
Sandrine Kao

Mon vaisseau te mènera
jeudi sur un nuage
Marcus Malte

Les Champignons de Paris
Hervé Mestron

Le Violoncelle poilu
Hervé Mestron

Un violon dans les jambes
Hervé Mestron

Ski me plaît
Daniel Meynard

Taourama
et le lagon bleu
Janine Teisson

Dans la collection
tempo+

Un cactus à Versailles
Maïté Bernard

Trois Baisers
Maïté Bernard

Une vie merveilleuse
Dominique Brisson

Le Pull
Sandrine Kao

La Fille du canal
Thierry Lenain

Un pacte avec le diable
Thierry Lenain

L'Échelle de Glasgow
Marcus Malte

L'Absente
Claire Mazard
(Sélectionné par le ministère de l'Éducation nationale)

Le Cahier rouge
Claire Mazard

Les Ailes de la contrebasse
Hervé Mestron

Enterrement d'une vie de cancre
Hervé Mestron

Soupçons
Hervé Mestron

Les Miracles de la jalousie
Hervé Mestron

Au cinéma Lux
Janine Teisson

Les Rois de l'horizon
Janine Teisson
(Sélectionné par le ministère de l'Éducation nationale)

Écoute mon cœur
Janine Teisson